Fiche **philosophe**

Par Dominique Coutant-Defer

Machiavel

lePetitPhilosophe.fr

MACHIAVEL

- **Né en 1469 à Florence**
- **Décédé en 1527 à Florence**
- **Quelques-unes de ses œuvres :**
    - *Le Prince* (1532)
    - *Discours sur la première décade de Tite-Live* (1513-1521)
    - *L'Art de la guerre* (1519-1520)

Philosophe italien à la **charnière entre les XVe et XVIe siècles**, Nicolas Machiavel est le **fondateur de la théorie politique moderne**. Non soucieux de métaphysique, il n'a pas construit de système philosophique spécifique : il souhaite avant tout **penser la politique de manière rationnelle et scientifique**, dans l'Italie morcelée et désorganisée de la Renaissance. Ainsi, dans ses **écrits directement inspirés de ses expériences politiques**, il décrit et analyse précisément l'exercice réel du pouvoir politique et les actions effectives des gouvernants. Ses concepts fondamentaux en matière de philosophie politique sont le prince, entendu comme gouvernant, la fortune, définie comme ensemble de circonstances complexes qu'il s'agit de maitriser, et la vertu, qui désigne le génie politique.

Son œuvre majeure, ***Le Prince***, écrite alors que Machiavel est en exil suite à des différends politiques, ne sera publiée qu'après sa mort. Il a également composé un important commentaire sur l'histoire romaine, le *Discours sur la pre-*

mière décade de Tite-Live, et a rédigé un traité appelé *L'Art de la guerre*.

BIOGRAPHIE

UNE JEUNESSE TOURNÉE VERS LA POLITIQUE

Niccolo Machiavelli (Nicolas Machiavel en français) nait à **Florence**, alors dominée par les Médicis, en **1469**, dans une famille de petite noblesse. Il reçoit une **éducation humaniste**, et étudie les grands textes de l'Antiquité grecque et surtout romaine.

Il fait ensuite des **études de droit**. Très jeune, il s'intéresse à la vie politique de son pays. L'Italie connait en effet une **période de grands troubles** : le pays est riche, mais morcelé en plusieurs petits États instable qui constituent des proies faciles pour les nations étrangères. En **1494**, les Médicis sont chassés de **Florence**, qui **devient une république**, et les **guerres d'Italie** (1494-1559) éclatent : le pays est livré aux invasions et aux pillages des Espagnols, des Français, des Allemands et des Suisses. Le jeune Machiavel rêve alors d'une Italie unifiée, où la paix et la stabilité seraient garanties par un pouvoir fort.

La même année, en 1494, il occupe le poste de **secrétaire à la chancellerie**, où son efficacité est reconnue. Il est chargé de différentes **missions locales et internationales**, notamment auprès du pape ou de César Borgia, grand seigneur italien qui a tenté d'unifier plusieurs provinces. Mais, en **1512**, la république de Florence s'écroule : les Médicis reviennent au pouvoir, tandis que Machiavel est **arrêté, jeté en prison, torturé et exilé**.

LE TEMPS DE L'ÉCRITURE

Fort des observations et des expériences politiques qu'il a accumulées, Machiavel commence la **rédaction de son ouvrage majeur, *Le Prince*, en 1513**, avec l'espoir de s'attirer à nouveau les grâces du pouvoir. Le livre est en effet dédicacé à Laurent de Médicis, mais le souverain n'y accordera aucune attention. Terminé rapidement, l'ouvrage **ne sera publié qu'après la mort de Machiavel**, en 1532 : il se répandra alors rapidement en Europe grâce aux traductions latines et françaises. L'auteur le présente comme une suite de leçons sur la manière de gouverner.

Isolé des affaires politiques de son pays qui le passionnent, **Machiavel se sent inutile** et jette alors les bases d'autres livres, dont un important **commentaire de l'histoire romaine**, *Discours sur la première décade de Tite-Live* (1513-1520). Il parvient cependant peu à peu à rompre son isolement et se remet à **participer à la vie florentine**. De **1515 à 1519**, il assiste à des réunions politiques qui se tiennent dans les jardins du palais Rucellai. Il peut aussi poursuivre plus sereinement la rédaction des œuvres en cours, notamment *L'Art de la guerre*.

En **1520**, à la demande du cardinal Jules de Médicis, l'Académie de Florence lui confie la charge d'**écrire l'histoire de la cité** (*Histoires de Florence*) et, en 1526, il reprend des **fonctions officielles**. Cependant, en **1527**, il subit une **nouvelle disgrâce** lorsque la république est à nouveau proclamée. Il est cette fois accusé d'accointances avec les Médicis. Il ne survivra pas à cette nouvelle mise à l'écart et **mourra la même année**, d'un abus de pilules de camphre.

UNE ŒUVRE FONDATRICE MAIS MAL COMPRISE

Machiavel n'est pas un penseur classique soucieux d'ériger des principes théoriques de gouvernement comme l'ont fait les philosophes depuis l'Antiquité. Il ne propose pas un idéal politique construit sur un idéal moral, mais **analyse la chose politique telle qu'elle existe à son époque**, s'intéresse à la réalité des faits. Autrement dit, il considère plutôt ce qui est que ce qui doit être. De plus, il porte sur la politique un **jugement de type scientifique**, grâce à l'observation et l'esprit critique. En ce sens, il est bien le fondateur de la science politique moderne.

Lorsque l'on évoque Machiavel aujourd'hui, on retient surtout **l'adjectif « machiavélique »**, dérivé de son nom, auquel on accorde le sens de « perfide, cynique, manipulateur ». Dans le domaine politique, ce terme est **associé**

aux manœuvres politiques visant à conquérir le pouvoir par n'importe quel moyen. On a donc souvent considéré Machiavel comme un suppôt des tyrans. On raconte d'ailleurs que Mussolini (dictateur italien, 1883-1945) lisait *Le Prince* dans son palais, tandis que Gramsci (1891-1937), son adversaire politique, le parcourait dans sa prison.

Mais les commentateurs mettent en garde contre cette **interprétation erronée**, née d'une mauvaise lecture de l'œuvre de Machiavel : l'objectif du bon souverain n'est pas de conquérir le pouvoir dans un but égoïste, mais de **constituer un État stable**.

La lecture de Machiavel a donc prêté à des interprétations et à des applications diverses et contradictoires, et son œuvre fait encore débat aujourd'hui, même si la plupart des commentateurs s'accordent à juger abusif le sens accordé au machiavélisme. Par ailleurs, la pensée de Machiavel a également **beaucoup influencé d'autres philosophes**, tel que l'anglais Thomas Hobbes (1588-1679), considéré lui aussi comme un théoricien de la science politique moderne. Ce dernier reprendra notamment l'idée machiavélienne d'une nature humaine agressive et changeante que seul un pouvoir politique fort est à même de juguler. Le philosophe italien occupe également une place importante dans le XVIIIᵉ siècle français : certains penseurs des Lumières, comme Rousseau (1712-1778), le rejoignent sur sa conception des mœurs du peuple et sur la nécessité de les contrôler, tandis que Robespierre (1758-1794), grand acteur de la Révolution française, le cite dans ses discours pour justifier l'établissement de milices populaires dans les villes, mesure que Machiavel avait en effet imposée à Florence.

avait en effet imposée à Florence.

CONTEXTE PHILOSOPHIQUE

LA RENAISSANCE ET L'HUMANISME

L'**Italie**, dès le **XIVᵉ siècle**, connait un extraordinaire **essor culturel, intellectuel et artistique** qui, au siècle suivant, gagne la France et le reste de l'Europe. Les hommes de cette époque ont alors la conviction de vivre un nouvel âge d'or, une **véritable renaissance**, par opposition au Moyen Âge, jugé barbare, ignorant et obscurantiste.

Plus précisément, ils renouent avec **l'Antiquité gréco-latine**, redécouvrant la pensée (platonisme, stoïcisme, épicurisme, etc.), les connaissances (en médecine ou en mathématiques par exemple) et les textes antiques (Horace, Platon, Cicéron, Virgile, etc.). L'appellation « humaniste » désigne les érudits de la renaissance qui étudient les textes antiques (en effet, les humanités désignaient les études fondées sur l'apprentissage du grec et du latin). Ceux-ci lisent les textes originaux et non les traductions ou commentaires qui en ont été faits durant l'époque médiévale, car ils ont la volonté de restaurer le sens originel des textes. Ils appliquent d'ailleurs cette méthode critique à la Bible elle-même.

La Renaissance se caractérise également par la place et par **la confiance accordées à l'homme** : les intellectuels de l'époque ont foi en sa capacité de progresser et de construire un monde meilleur. L'homme devient dès lors la « mesure de toute chose ». Rejetant la scolastique médiévale (enseignement qui conciliait la philosophie aristotélicienne et la théologie chrétienne), les penseurs humanistes, notamment Montaigne (1533-1592), inventent **une nouvelle pédagogie pour former l'homme nouveau** et prendre en compte toutes ses dimensions : morale, intellectuelle et physique.

Enfin, c'est à cette époque que l'on commence à revendiquer **la liberté de penser**. Les penseurs s'attachent à **étudier des domaines aussi variés que le droit, la philosophie, la morale, la religion ou la politique, se montrant parfois très critiques**. Citons le Hollandais Érasme (1469-1536) et son *Éloge de la folie* (1511), dans lequel l'écrivain examine notamment les superstitions et les pratiques pieuses dans l'Église catholique, *Gargantua* (1532) de Rabelais (1494-1553), d'abord publié anonymement, qui critique entre autres les lourdeurs d'un enseignement moyenâgeux abrutissant, ou encore *L'Utopie* (1516) de l'Anglais Thomas More (1478-1535), qui met en scène une société idéale. C'est dans cette mouvance que s'inscrit Machiavel avec *Le Prince* (1532).

L'INFLUENCE DES TEXTES ANTIQUES

Machiavel est, dans sa jeunesse, un grand lecteur **des philosophes grecs et romains** qui serviront dans un premier temps de fondement à sa pensée politique. En ce sens, il appartient pleinement au courant humaniste. Il admire surtout chez les Anciens une liberté de penser disparue avec la scolastique médiévale. Ses deux sources principales sont :

- la *Politique* d'**Aristote** (384-322 av. J.-C.). Dans cet ouvrage, le penseur grec **analyse les différents systèmes**

politiques de son époque pour déterminer quelle serait la cité idéale. Machiavel procède lui aussi à une étude des différents régimes. Aristote considère par ailleurs l'homme comme « un animal politique » : l'homme a une aptitude naturelle à vivre en société. Machiavel, à sa suite, réaffirme ce primat de la chose publique dans la vie humaine. Il emprunte également au penseur grec son modèle de la démocratie comme forme de gouvernement idéal ;

- *Le Traité des devoirs* (*De officiis*) de **Cicéron** (106-43 av. J.-C.). L'œuvre, qui se présente comme une réflexion politique, est un recueil de **préceptes pratiques à l'usage des citoyens** qui abordent, entre autres, les qualités d'honnêteté et de rigueur, et qui prônent également une attitude modérée, indispensable à la vie en société. Le citoyen doit de plus identifier son intérêt particulier à l'intérêt général. Tous ces thèmes sont repris dans l'œuvre de Machiavel qui apprécie le pragmatisme du philosophe romain.

Machiavel étudie également *Les Miroirs des princes*, un ensemble d'écrits de l'époque médiévale qui traitent des vertus des bons souverains, mais il en fait plutôt une parodie avec *Le Prince*.

UN ANCRAGE FORT DANS L'HISTOIRE

Une réflexion politique s'accompagne nécessairement d'un regard sur l'histoire. Ainsi, d'une part, Machiavel s'est intéressé en particulier à **l'histoire romaine** et aux écrits de **Tite-Live** (59 av. J.-C.-17 apr. J.-C.), auquel il consacre son deuxième ouvrage, *Discours sur la première décade de Tite-Live*. L'historien romain fait paraitre, en 29 av. J.-C., une monumentale histoire de Rome depuis sa fondation. Il s'agit d'un ouvrage didactique qui retrace les modes de vie dans l'empire romain, en exalte les valeurs à l'époque de son hégémonie, puis évoque sa décadence morale au moment des guerres civiles, appelant les lecteurs à tirer un enseignement de l'histoire.

Machiavel exalte la **grandeur de la Rome antique**, qu'il explique par le ***gout de la liberté*** que la cité a toujours su conserver et avoue son **admiration pour le modèle républicain** qu'elle a proposé à certaines époques. Mais il se montre également **critique vis-à-vis des tyrans** qui ont parfois pris le pouvoir. Par ailleurs, il tire de la lecture de Tite-Live sa conception d'une république qui serait gérée par **un chef issu de l'aristocratie**, seul à même de rassurer la masse populaire. De plus, l'aristocrate, provenant de par sa naissance d'une classe dominante, devrait logiquement montrer moins d'avidité à conquérir le pouvoir. Au contraire, un gouvernant issu des couches populaires ne manifesterait peut-être, en souhaitant le pouvoir, que son désir de s'élever dans la société.

D'autre part, Machiavel a également puisé dans **la situation historique particulièrement complexe de l'Italie dans laquelle il vivait** pour nourrir sa réflexion politique. Lorsqu'il devient secrétaire à la chancellerie en 1494, il est très proche du pouvoir et a l'occasion, grâce aux missions diplomatiques qui lui sont confiées, de pénétrer les rouages de la politique des différents gouvernants, dont il tire les principes théoriques de son œuvre.

PENSÉE ET APPORT

Machiavel élabore sa théorie politique à partir de la figure centrale du prince, entendu au sens de celui qui détient seul l'autorité politique.

Sa principale interrogation est la suivante : **quelles sont les conditions de la conquête et de la conservation du pouvoir ?** Autrement dit, qu'est-ce qui fait qu'un pouvoir est bon, c'est-à-dire fort, le vice par excellence en politique étant la faiblesse ? Machiavel s'intéresse en effet avant tout à la stabilité de l'État. Dans cette optique :

- d'un côté, il réduit l'État à des mécanismes de conquête et de conservation ;
- de l'autre, il restreint la politique aux techniques de gouvernement. Selon lui, le prince doit uniquement se préoccuper de stabiliser son pouvoir.

LA MISE EN PLACE DU POUVOIR

La fortune et la vertu

Machiavel élabore deux concepts-clés qui servent de base à sa théorie politique :

- **la fortune**, qui désigne à la fois **le hasard et les circons-tances**. Il ne s'agit nullement du destin : Machiavel est contre une vision fataliste de l'histoire qui consiste à affirmer que tout est écrit d'avance. Il estime que le libre arbitre et la volonté des hommes ont également leur importance. Le philosophe part du principe que l'homme est environné de circonstances complexes et mobiles devant lesquelles il est impuissant s'il n'utilise pas le bon moyen au bon moment. Il faut dès lors savoir saisir l'occasion propice et faire preuve d'audace ;

- **la vertu** (à ne pas confondre avec la vertu au sens traditionnel du terme, en tant que disposition à agir de manière morale), qui désigne, pour Machiavel, **la capacité à s'adapter aux circonstances, à les utiliser et à s'imposer face à elles**. La vertu suppose donc une certaine dose de ruse, qui constitue en quelque sorte « le génie politique » : il faut savoir choisir les moyens en fonction de la fortune et ainsi dominer les circonstances.

Mais quels sont les moyens les plus adaptés pour conquérir le pouvoir et l'exercer durablement ?

Du bon usage de la violence dans l'État

Machiavel est le premier penseur à utiliser le terme d'« État » dans son acception moderne, au sens d'organe, d'institution.

Selon lui, **la cruauté peut être nécessaire** pour créer un pouvoir nouveau. Il cite l'exemple du prince César Borgia qui, pour rétablir une paix et une tranquillité durables dans la province de Romagne, en Italie, n'a pas hésité à engager une guerre meurtrière. Machiavel lui oppose le cas du peuple florentin : celui-ci, chargé de faire régner l'ordre à Pistoie (ville de Toscane) avec ses milices, s'est montré clément avec les deux familles rivales qui se disputaient la ville, mais a laissé la cité à feu et à sang. Il vaut donc mieux passer pour un gouvernant cruel en sacrifiant ponctuellement un petit nombre d'individus et envisager le long terme. Cela signifie que le prince ne doit pas se montrer trop clément, sinon, cela risque de créer le désordre.

Par conséquent, **il est préférable pour un prince d'être craint qu'aimé** (citation 1), l'idéal étant évidemment de susciter les deux sentiments. Mais c'est chose impossible en politique selon Machiavel. L'amour des sujets pour le souverain est de toute façon versatile : il perdure tant que le prince accorde ses largesses et se transforme en révolte dès que l'occasion s'en présente. Le prince doit cependant **éviter de susciter la haine** afin de ne pas engendrer des révoltes ou des conjurations (citation 2). Pour cela, il doit veiller à respecter ses sujets et, s'il lui arrive de punir de mort, il doit exposer ses motifs et ne pas toucher aux biens du condamné. En effet, le philosophe pense que les hommes sont plus attachés à leur patrimoine qu'à leurs proches.

De la guerre

Le prince ne doit par ailleurs pas hésiter à **s'appuyer sur la force armée**, dont il doit au besoin prendre le commandement. Dès lors, il est important qu'il se prépare à l'art de la guerre :

- d'une part par l'esprit, en lisant des livres d'histoire afin de pouvoir imiter les grands hommes du passé ;
- d'autre part par les actes, en chassant, en se livrant à des exercices militaires et en apprenant la géographie du terrain.

Machiavel évoque plusieurs princes de l'Antiquité qui sont

parvenus à se rendre maitres d'une principauté grâce aux armes : Moïse (personnage biblique considéré comme le chef du peuple hébreu), Thésée (roi d'Athènes dans la mythologie grecque), Romulus (fondateur légendaire de Rome), etc. Il cite également des princes qui ont acquis leur pouvoir non seulement par le biais des armes, mais aussi grâce à la fortune d'autrui. Cependant, ils restent dépendants de ceux qui les ont aidés à accéder au pouvoir.

L'armée doit être constituée de citoyens (qui peuvent ainsi, à l'occasion d'un conflit, détourner leurs pulsions d'agressivité), **plutôt que faire appel à des mercenaires** qui pourraient la diviser (citation 3). Machiavel évoque l'exemple de Rome, minée de l'intérieur par la lutte entre les différentes factions armées. De même, il déconseille de recourir à des troupes auxiliaires, c'est-à-dire d'employer des militaires étrangers en renfort. Selon lui, la seule armée valable est l'armée personnelle et organisée.

Pour Machiavel, plus qu'un moyen, **la guerre est l'essence même du politique** : la force armée se met au service de la défense des lois et de la préservation de l'État.

De l'exercice de la bonté

Le thème de la bonté est également envisagé de manière objective et non moralisante par Machiavel.

Selon lui, **la nature humaine est dirigée par un « principe de méchanceté »** : l'homme est inconstant, déraisonnable et incapable de tenir sa parole. S'il n'exprime pas spontanément sa méchanceté, celle-ci est toujours prompte à faire surface selon les circonstances. Dès lors, **le prince court à une ruine inévitable s'il se montre bon** avec ceux qui ne le sont pas (citation 4). Son pouvoir s'en verra forcément menacé à plus ou moins long terme. Il ne doit donc être bon que tant que sa conservation n'est pas en danger et, le reste du temps, « faire la bête », c'est-à-dire **se montrer fort comme un lion et rusé comme un renard**. Machiavel note que ceux qui réussissent utilisent le plus souvent la ruse. Ainsi, le prince doit savoir simuler et dissimuler (citation 5).

Le souverain doit **tenter de faire de cet agrégat d'hommes méchants et ignorants un État soudé**, en détournant les forces mauvaises enfouies dans les individus au service de l'institution. Il emploiera pour cela des moyens empiriques, qui seront mis en place au moment opportun. Il suffit, pour Machiavel, de se trouver là au bon moment. La politique est selon lui un savoir qui se met en place au gré des circonstances et en fonction des situations déjà observées.

De l'importance de l'entourage

Enfin, le philosophe souligne l'importance, pour un prince, de **bien choisir ses conseillers** : il lui faut un ministre qui agit pour son bien et un entourage composé de personnes à la fois capables et fidèles. Dans le cas où il conquiert une principauté étrangère, il doit se montrer particulièrement vigilant vis-à-vis de son entourage.

En outre, il doit éviter les flatteurs, qui pullulent dans les cours, et **s'entourer d'hommes sages**. Cependant, même s'il est utile d'écouter leur avis, il reste le seul à décider.

POLITIQUE ET RELIGION

La critique de la religion

En citant une fois de plus Rome comme exemple, Machiavel signale que la religion y était perçue comme un facteur de cohésion sociale. Inversement, il critique sévèrement **le catholicisme** : celui-ci **a encouragé l'individualisme et entrainé les peuples à la désunion**, ce qui constitue le drame historique de l'Italie.

De plus, l'auteur du *Prince* reproche à la papauté de nombreux manquements, en particulier ses mœurs souvent corrompues et la **mauvaise influence politique** qu'elle exerce sur les princes. Machiavel évoque notamment sa faiblesse et son incompétence en matière militaire.

En outre, **les principes chrétiens** de modération, de patience et d'abnégation **s'accordent mal avec l'exigence d'efficacité** que Machiavel érige comme principe premier de l'État. Le philosophe italien ne souscrit pas non plus à la bonté et l'amour que la religion chrétienne place au centre de sa pensée, puisqu'il considère pour sa part que l'homme est foncièrement méchant.

L'utilité de la religion

Cependant, la vision réaliste de Machiavel le pousse à admettre que **la religion fait partie de l'imaginaire des peuples** et que, de ce point de vue, on ne saurait la nier ou tenter de la supprimer. Au contraire, puisqu'il tient une grande place dans la vie des hommes, le fait religieux doit être considéré comme **une clé de voute de l'édifice social**.

Il vaut donc mieux que le prince feigne de paraitre pieux aux yeux de ses sujets.

Ainsi, la religion devient **un instrument de ruse** aux mains du gouvernant et au service de l'État. Celui-ci l'utilise et s'appuie sur elle, mais il n'a plus à lui rendre de comptes. En effet, elle n'est **plus un des piliers du pouvoir**, comme c'était le cas aux siècles précédents et le pouvoir du souverain n'est plus un droit divin (qu'il tiendrait de Dieu). Autrement dit, le pouvoir ne tient plus sa force de la religion, mais du seul souverain qui peut cependant utiliser la religion à sa guise (<u>citation 6</u>).

La dissociation entre politique et religion

Machiavel dissocie ainsi radicalement la politique et la religion. En cela, il s'oppose à la manière dont le fait politique a été pensé par les philosophes du Moyen Âge, à la suite de **saint Augustin** (354-430) : ce dernier considérait le monde des hommes, appelé « la cité terrestre », comme le lieu de la chair et du péché, par opposition avec « la cité céleste », territoire du divin. Dès lors, pour sauver l'humanité, l'État se devait de s'associer avec l'autorité religieuse et n'existait qu'en vue de fins morales ou religieuses.

Machiavel, en rompant avec cette conception du politique, peut être considéré comme **le premier penseur d'un État laïque**, c'est-à-dire indépendant de toute organisation religieuse. L'Église ne s'y est pas trompée, elle qui a censuré *Le Prince* dès sa parution, considérant l'ouvrage comme hérétique. L'État devient ainsi une institution purement humaine et n'a plus rien à voir avec Dieu. Autrement dit, il devient autonome.

POLITIQUE ET MORALE

L'amoralité du discours machiavélien

Parce qu'il conseille aux princes la ruse et la dissimulation, et parce qu'il les encourage à ne pas tenir leurs promesses, **Machiavel a souvent été taxé d'immoralité**. En effet, la plupart des penseurs politiques posent comme primat qu'un mode de gouvernement qui ne reposerait pas sur des valeurs morales serait illégitime. Ainsi, il est de coutume de lier politique et éthique. Mais c'est oublier que Machiavel affirme clairement qu'**il ne se préoccupe pas de morale**. En cela, il est davantage amoral qu'immoral. Il ne cherche pas à expliquer ce que doit être une cité juste, comme on l'a dit précédemment, mais analyse le terrain et envisage en quoi et comment il peut l'améliorer.

Machiavel estime par ailleurs que morale et politique sont deux choses distinctes : la politique n'a pas à tenir compte de considérations morales (citation 7).

Le pragmatisme

L'objectif du philosophe est essentiellement pragmatique, orienté vers l'action pratique. Il ne fait pas l'apologie du mal en soi, il ne dit pas que les gouvernements doivent mentir, opprimer, se montrer cruels, etc., mais il considère que **le mal est parfois nécessaire, en tant qu'instrument, pour atteindre un but : « La fin justifie les moyens. »** Cette phrase attribuée à Machiavel, mais dont il n'existe nulle trace dans ses récits, résume parfaitement sa pensée politique. Le prince doit s'adapter aux circonstances et tout mettre en œuvre pour constituer un État fort et cohérent, pour transformer le peuple, changeant et désorganisé par nature, en corps politique. Et si pour cela il est nécessaire de recourir à des scélératesses, il faut le faire. La théorie de Machiavel n'est donc pas une apologie du mal : le prince agit pour le bien de l'État et du peuple, et non pour lui-même.

La finalité de l'État

L'État dirigé par le prince **a pour but ultime la garantie de la sécurité et de la paix des citoyens** (citation 8). Le souhait de Machiavel est donc bien que les hommes vivent ensemble dans la liberté et la raison.

Cependant, les conditions historiques (celles d'une Italie déchirée et divisée par les guerres) sont telles qu'il est **impossible de pratiquer la politique républicaine** que le philosophe admirait tant dans les textes antiques. La liberté est en effet précaire lorsque le peuple n'est pas solidement dirigé. Par conséquent, il faut d'abord créer les conditions pour rendre possible un gouvernement de type républicain. Et pour cela, le prince doit se maintenir au pouvoir aussi longtemps que nécessaire, et ce par tous les moyens.

Pour être efficace, le souverain n'a donc pas toujours la possibilité de respecter les impératifs moraux communément admis. Machiavel envisage un État vertueux, mais autorise son prince à paraitre amoral quand les circonstances l'exigent, afin de garantir la paix, sans laquelle aucune moralité n'est possible.

La principale préoccupation de Machiavel, penseur politique, concerne **les conditions de la conquête et de la conservation du pouvoir**.

Il estime tout d'abord que **le prince doit faire preuve de vertu**, c'est-à-dire se montrer capable de choisir les moyens en fonction des circonstances et de les utiliser.

Parmi les moyens les plus adaptés, le philosophe évoque la cruauté : **il est préférable d'être craint qu'aimé**. Cependant, le prince doit éviter de susciter la haine.

Il ne doit pas hésiter à **s'appuyer sur l'armée**, qui doit être constituée de citoyens. Pour Machiavel, **la guerre est l'essence même du politique** : l'armée défend les lois et la préservation de l'État.

En outre, l'homme étant naturellement méchant, le prince court à la ruine s'il se montre trop bon. Il doit dès lors **être fort comme un lion et rusé comme un renard**.

Le philosophe s'est par ailleurs livré à une critique du christianisme. Cependant, il reconnait que **la religion** est une clé de voute de l'édifice social. Par conséquent, elle devient **un instrument de ruse** aux mains du gouvernant : celui-ci l'utilise, mais il n'a plus à lui rendre de comptes. Ainsi, Machiavel dissocie radicalement la politique et la religion, ce qui en fait le premier penseur d'un **État laïque**.

Enfin, si Machiavel a souvent été taxé d'immoralité, il ne

faut pas oublier qu'à ses yeux, **morale et politique sont deux choses distinctes**. Son objectif est pragmatique : il considère que le mal est parfois nécessaire, en tant qu'instrument, pour atteindre un but, qui n'est autre que le bien de l'État et du peuple.

Votre avis nous intéresse !
Laissez un commentaire sur le site de votre librairie en ligne
et partagez vos coups de cœur sur les réseaux sociaux !

POUR ALLER PLUS LOIN

- ARON (Paul), SAINT-JACQUES (Denis) et VIALA (Alain), *Le Dictionnaire du littéraire*, Paris, PUF, 2002.
- ARON (Raymond), *Machiavel et les tyrannies modernes*, Paris, Éditions de Fallois, 1993.
- CLÉMENT (Élisabeth) *et alii*, *La Philosophie de A à Z*, Paris, Hatier, 2000.
- LEFORT (Claude), *Le Travail de l'œuvre. Machiavel*, Paris, Gallimard, 1986.
- MACHIAVEL (Nicolas), *Discours sur la première décade de Tite-Live*, traduction d'Alessandro Fontana et de Xavier Tabet, Paris, Gallimard, 2004.
- MACHIAVEL (Nicolas), *L'Art de la guerre*, traduction de Jean-Yves Boriaud, Paris, Perrin, 2011.
- MACHIAVEL (Nicolas), *Le Prince*, traduction de Thierry Ménissier, Paris, Hatier, 1999.
- MANENT (Pierre), *Naissances de la politique moderne : Machiavel, Hobbes, Rousseau*, Paris, Gallimard, 2007.
- SKINNER (Quentin), *Machiavel*, Paris, Seuil, 2001.

TESTEZ VOS CONNAISSANCES !

ASSOCIEZ CHAQUE CITATION À L'EXPLICA-TION QUI LUI CORRESPOND

Citation 1 : « Il est plus sûr d'être craint qu'aimé. » (*Le Prince*, Paris, Hatier, 1999, p. 76)

Citation 2 : « La meilleure forteresse qui soit, c'est le fait de ne pas être haï par le peuple. » (*Le Prince*, Paris, Hatier, 1999, p. 100)

Citation 3 : « [Les armées de mercenaires sont] désunies, pleines d'ambition, sans discipline, infidèles et pleine d'ardeur avec leurs amis mais lâches dès que paraît l'ennemi. » (*Le Prince*, Paris, Hatier, 1999, p. 56)

Citation 4 : « L'homme qui en toutes choses veut faire profession de bonté se ruine inéluctablement parmi tant d'hommes qui n'ont aucune bonté. [...] [Le prince doit] apprendre à ne pas être bon. » (*Le Prince*, Paris, Hatier, 1999, p. 70-71)

Citation 5 : « Le prince doit être grand simulateur et dissimulateur. » (*Le Prince*, Paris, Hatier, 1999, p. 80)

Citation 6 : « [Le prince] est souvent obligé, pour maintenir l'État, d'agir contre l'humanité, contre la charité, contre la religion même. Il faut donc qu'il ait l'esprit assez flexible pour se tourner à toutes choses, selon que le vent et les accidents de la fortune le commandent. » (*Le Prince*, édition électronique dirigée par Jean-Marie Tremblay, Université du Québec, sur classiques.uqac.ca, p. 71)

Citation 7 : « On peut devenir prince de deux manières qui ne tiennent entièrement ni à la fortune ni à la valeur. [...] Ces deux manières sont, soit de s'élever au pouvoir souverain par la scélératesse et les forfaits ; ou d'y être porté par la faveur de ses concitoyens. » (*Le Prince*, édition électronique dirigée par Jean-Marie Tremblay, Université du Québec, sur classiques.uqac.ca, p. 36)

Citation 8 : « Deux craintes doivent occuper un prince : l'intérieur de ses États et la conduite de ses sujets sont l'objet de l'une ; le dehors et les desseins des puissances environnantes sont celui de l'autre. » (*Le Prince*, édition électronique dirigée par Jean-Marie Tremblay, Université du Québec, sur classiques.uqac.ca, p. 73)

Explication a : le prince doit avoir la capacité à s'adapter aux circonstances, à les utiliser et à s'imposer face à elle, notamment par la ruse : c'est ce que Machiavel appelle la « vertu ».

Explication b : il est préférable pour un prince d'être craint que d'être aimé.

Explication c : il faut éviter, dans l'armée, de faire appel à des mercenaires qui pourraient la diviser.

Explication d : le pouvoir ne tient pas sa force de la religion, mais du seul souverain qui peut l'utiliser comme il le souhaite, voire même lui tourner le dos.

Explication e : la guerre est l'essence même du politique.

Explication f : le prince court à sa perte s'il se montre bon avec des hommes qui ne font preuve d'aucune bonté.

Explication g : être prince n'est pas affaire de morale : on peut devenir prince grâce à la scélératesse ou en acquérant la faveur du peuple.

Explication h : un prince doit être capable d'utiliser la ruse, c'est-à-dire de simuler et de dissimuler.

Explication i : les deux buts ultimes du prince sont la garantie de la sécurité et de la paix des citoyens à l'intérieur et à l'extérieur de l'État.

Explication j : il est préférable pour un prince d'éviter de susciter la haine pour écarter toute tentative de révolte ou de conjuration.

Rendez-vous sur lepetitphilosophe.fr et découvrez :

Plus de 1200 analyses
Claires et synthétiques
Téléchargeables en 30 secondes
À imprimer chez soi

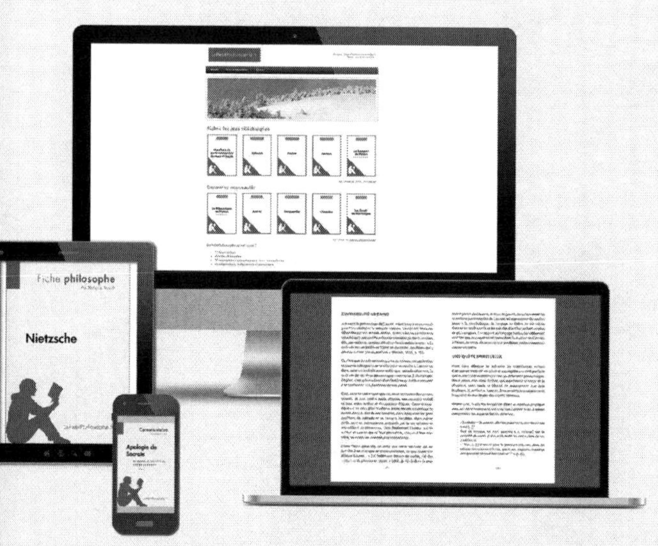

ISBN version numérique : 978-2-8062-4953-1
ISBN version papier : 978-2-8080-0127-4
Dépôt légal : D/2017/12603/511

Conception numérique : Primento,
le partenaire numérique des éditeurs.

Made in the USA
Monee, IL
07 July 2026